36가지 동물과 식물로 만나는
세상 모든 크리스마스

오리올 비숍 지음
안젤라 리자, 다니엘 롱 그림
김미선 옮김

책과함께 어린이

들어가며

산타클로스와 함께 썰매를 타고 전 세계를 여행할 수 있다면, 사는 곳마다 크리스마스를 다르게 즐긴다는 사실을 알게 될 거예요. 여러분이 순록처럼 북극 가까이에서 산다면 12월의 크리스마스는 눈과 얼음으로 가득하고, 밤도 길고 어둡겠지요. 하지만 펭귄처럼 남극 근처에 있다면 밝고 맑은 여름에 크리스마스를 맞이할 거예요.

이 책을 보며 크리스마스의 모험을 떠날 거예요. 흥미진진한 사실과 신비로운 이야기를 읽으며 한 해 중 가장 멋진 시간을 한껏 즐겨 보아요. 크리스마스트리와 가장 밝게 빛나는 아름다운 별, 당나귀 그리고 크리스마스 고양이와 거미줄, 선인장에 대해 알고 있나요? 또 어떤 놀라운 것을 발견할지 궁금해져요!

Auriol B.

저자
오리올 비숍

차례

호랑가시나무 ………………… 4	칠면조 …………………………… 42
담쟁이 ……………………………… 6	향신료 …………………………… 44
붉은가슴울새 …………………… 8	고양이 …………………………… 46
과일과 견과류 ………………… 10	거미줄 …………………………… 48
눈 ………………………………… 12	크랜베리 ………………………… 50
멧돼지 …………………………… 14	소 ………………………………… 52
베들레헴의 별 ………………… 16	북부홍관조 ……………………… 54
포인세티아 ……………………… 18	석탄 ……………………………… 56
순록 ……………………………… 20	북극 ……………………………… 58
밀 ………………………………… 22	펭귄 ……………………………… 60
양 ………………………………… 24	비둘기 …………………………… 62
오렌지 …………………………… 26	낙타 ……………………………… 64
독일가문비나무 ………………… 28	세 가지 선물 …………………… 66
크리스마스트리 ………………… 30	염소 ……………………………… 68
당나귀 …………………………… 32	크리스마스 장작 ……………… 70
겨우살이 ………………………… 34	가재발선인장 …………………… 72
자고새 …………………………… 36	수탉 ……………………………… 74
참나무 …………………………… 38	용어 풀이 ……………………… 76
아마릴리스 ……………………… 40	그림으로 보는 크리스마스 …… 78

호랑가시나무의 두꺼운 초록색 잎사귀와 과즙이 풍부한 빨간색 열매는 어두운 겨울에 더 선명하게 보인답니다.

호랑가시나무

산타클로스가 등장하기 전, 오랜 옛 날에는 '호랑가시나무 왕 Holly King'이 겨울을 지배했다는 전설이 있어요. 이 머나먼 과거에서 온 숲의 수호자는 번개를 막아 주는 작고 뾰족뾰족한 잎사귀를 달고, 아주 특별한 마법을 부렸지요. 그래서 어떤 이들은 겨울에 호랑가시나무 잎을 집에 가져오면 요정들이 쉴 수 있을 거라고 믿었어요.

한 해 중 가장 춥고 어두운 날이 계속되고 다른 나무들이 잎도 열매도 없이 가지만 쓸쓸히 남아 있을 때에도, 호랑가시나무는 윤기 나는 초록 잎과 새빨간 열매로 빛나요. 덕분에 새들에게 먹이를 제공하고 동물들에게는 쉼터와, 알록달록한 울타리가 되어 주지요. 봄이 되면 애벌레는 나무 잎사귀를 으적우적 먹고 힘을 키워서 나비가 되어요. 벌은 호랑가시나무의 새하얀 꽃으로 찾아오지요.

사슴은 호랑가시나무에서 가장 높이 달린 잎사귀를 오물오물 씹어 먹어요. 거기서는 까끌까끌한 잎이 나오기 전, 새로 돋은 가장 연한 잎이 자란답니다.

담쟁이

담쟁이는 다른 나무를 타고 빠르게 자라지만 그렇다고 해를 끼치지는 않아요. 다양한 야생 동물에게 많은 도움을 준답니다.

찌르레기는 먹이를 구하기 힘든 시기가 되면, 즙이 풍부한 담쟁이 열매를 주로 먹고 살아요.

담쟁이덩굴로 둘러싸인 집은 괴물을 물리칠 수 있대요!

담쟁이는 땅 위를 타고 자라다가 나무를 발견하면 기어올라요. 그런 다음 작은 덩굴손으로 나무를 단단히 붙잡고 빛이 보일 때까지 위로 올라가지요. 이때 담쟁이의 모습이 바뀌어요. 다섯 방향으로 뻗은 뾰족한 잎사귀는 하트 무늬가 되고, 둥그런 방울 모양 꽃을 피우지요. 그 모습이 마치 조그맣게 터지는 초록색 폭죽 같아요.

말벌과 꽃등에는 담쟁이 꽃에서 흘러나오는 꿀을 실컷 먹고 겨울을 나요. 유황나비와 산네발나비는 에너지를 저장하고, 빳빳한 담쟁이 잎사귀의 보호를 받으며 겨울을 날 준비를 하지요. 담쟁이는 날씨가 아무리 혹독해도 서리의 피해를 입지 않아요. 그래서 찌르레기와 참새, 개똥지빠귀 같은 새들과 박쥐는 늘 푸른 담쟁이 잎사귀를 편히 쉴 곳으로 삼는답니다.

붉은가슴울새

선명한 붉은색 가슴에, 머리는 작고 둥근 붉은가슴울새는 특유의 재미있는 겉모습 덕분에 크리스마스의 상징이 되었답니다. 주로 영국과 아일랜드에 사는 울새는 마당에서 흔히 볼 수 있지만, 이상하게도 유럽 다른 곳에서는 모습을 잘 드러내지 않아요. 울타리 안에 쏙 숨을 뿐이지요.

울새가 가장 좋아하는 먹이는 통통하고 신선한 지렁이나 바삭바삭한 곤충이에요. 그래서 사람들이 정원에서 땅을 파고 있을 때, 나뭇가지에 앉아 어떤 먹음직스러운 먹이가 나올지 가까이에서 지켜보지요. 겨울이 되면 특별한 소리로 지저귀어 다른 울새들에게 위치를 알려 주어요. 울새가 내는 소리는 크리스마스 캐럴만큼이나 아름답답니다.

먼 옛날 예수가 차디찬 마구간에서 태어났을 때, 작은 갈색 울새가 꺼져 가는 불에 날갯짓을 했대요. 그런데 너무 가까이 다가가는 바람에 가슴에 불꽃이 튀어 붉어졌다고 해요. 예수의 어머니인 성모 마리아는 이런 울새에게 고마워서, 가장 신성한 새로 축복하며 이름을 지어 주었대요.

유럽울새는 크리스마스카드에 단골로 등장하기 때문에 전 세계 어디에서나 볼 수 있어요!

유럽울새는 크림색에 밝은 갈색 점무늬가 있는 알을 낳아요.

아몬드
일찍 꽃을 피우는 아몬드는 희망의 상징이에요. 달콤한 맛에 기름이 풍부한 것이 가장 큰 장점이지요. 설탕을 뿌린 아몬드는 전통적으로 인기가 많은 크리스마스 음식이에요.

대추야자
이슬람교 경전인 《쿠란》에는 예수가 대추야자 나무 아래에서 태어났다고 쓰여 있어요. 한 그루에서 대추야자가 수천 개 넘게 자랄 수 있답니다. 대추야자 나무 꼭대기에서 왕관처럼 뻗은 잎사귀 아래로 대추야자 열매가 주렁주렁 달리지요.

밤
부드럽고 영양이 풍부한 밤은 가루로 만들어 빵이나 파스타를 만들 수 있어요. 시럽을 넣고 졸이거나 사탕처럼 만들기도 하지요. 불에 구우면 또 얼마나 맛있다고요!

밤은 뾰족뾰족한 밤송이 속에 들어 있어요.

석류
석류는 수많은 고대 신화에서 음식의 보물로 대접받았어요. 이란에서는 동지(일 년 중 밤이 가장 긴 날)를 기념하는 얄다의 밤Yalda Night 축제를 여는데, 이때 둥글고 단단한 석류 껍질을 열고, 보물 같은 과즙이 꽉 찬 씨앗을 실컷 먹는답니다.

포도
송이에 가득 달린 신선한 열매를 먹기도 하고, 말려서 건포도를 만드는가 하면, 발효하여 포도주로도 만들 수 있는 포도는 세계에서 가장 오래되면서도 인기가 많은 과일 중 하나예요.

스타푸르트
스타푸르트는 매우 예민해요. 바람이 강하게 불거나 누군가 건드리면 잎을 오므리지요. 과즙이 풍부한 이 호박색 열대는 얇게 잘랐을 때 아름다운 별 모양이 되어요. 과육은 씁쓸하면서도 달콤한 맛이 나요.

과일과 견과류

영국에서는 크리스마스를 앞두고 모여서 크리스마스 푸딩을 만드는 날을 '젓는 일요일'이라는 뜻의 '스터업 선데이 Stir-Up Sunday'라고 해요. 전 세계에서 구한 온갖 과일을 섞어서 만든답니다.

인류는 역사가 시작될 무렵부터 과일과 견과류를 즐겨 먹었어요. 과일은 씨앗이 열매 안에 들어 있는 식물(속씨식물)에 속해요. 견과류는 딱딱한 껍데기 속의 먹을 수 있는 알맹이를 말하지요. 이처럼 나무에는 맛있고 신선한 열매가 열려 입맛을 당긴답니다. 동물들은 과일을 먹고 그 씨앗을 여기저기에 퍼뜨리기도 하지요.

크리스마스의 전통이 시작된 북반구는 추워서 겨울에 신선한 과일을 구하기 힘든 곳이 많아요. 그래서 축제에 쓰일 음식을 만들려고 농작물을 거두어들일 시기에 많이 따서 보관하거나, 멀리 기후가 좋은 곳에서 가져와야 했어요.

호두
호두는 너무 딱딱해서 까기 어려워요! 옛날 독일에서는 인형 만드는 일을 하는 어떤 사람이 호두를 깰 수 있는 인형을 맨 처음 만들어 상을 탔다는 이야기가 전해져요. 인형에는 강력하고 넓은 턱이 있어서 단단한 껍데기를 부수고 맛있는 열매를 꺼내기에 알맞았다고 해요.

개암
겨울잠쥐는 개암을 먹고 통통하게 몸을 살찌운 뒤 겨울잠에 들어요. 다람쥐도 개암을 무척 좋아하지요. 온갖 새들도 날아와 이 마법의 나무에서 자라는 작고 동그란 열매를 마음껏 먹어요. 아일랜드에서는 개암나무를 '지식의 나무'라고 부른답니다.

눈

**눈송이는 색이 없어요.
하지만 빛이 반사되며
우리 눈에 하얗게 보인답니다.**

하늘에서 눈이 작은 별처럼 떨어져요. 눈은 구름 속 아주 작은 얼음 알갱이가 수증기와 합쳐지며 만들어지지요. 눈이 무거워지면 땅 위로 송이송이 내려요. 눈송이는 오른쪽과 왼쪽이 똑같은 모양으로 대칭을 이루고 육각형이며, 화려한 얼음 가지가 가운데에서부터 사방으로 퍼져 있어요. 각 가지마다 전체와 똑같은 모양이 반복되지요. 이러한 모양을 '프랙털 fractal'이라고 해요.

크리스마스는 예수가 태어난 날을 기념하는 날이에요. 예수가 태어난 베들레헴은 온화한 지중해성 기후이기 때문에 눈을 보기 힘들어요. 하지만 북반구의 추운 지역은 일 년 중 몇 개월 동안이나 눈으로 덮여 있지요. 그래서 산타클로스는 눈이 많이 내리는 북극 지방에 산다고 전해져요. 그곳에서는 크리스마스가 한겨울일 테니, 산타클로스의 마법 썰매가 지나가는 곳마다 눈 위에 자국이 남을 거예요.

눈송이는 떨어지는 속도와, 어디에 떨어지는지 그리고
수증기 양과 바람이 부는지에 따라 모양이 달라져요.
그래서 눈송이 하나하나마다 독특한 모양을 이룬답니다.

멧돼지

아주 옛날부터 숲에 군림하던 멧돼지에게는 갑옷처럼 튼튼한 근육과 길고
날카로우며 구부러진 엄니가 있어요. 엄니로 땅을 파거나 덤불을 헤치고 나가지요.
적과 싸울 때에는 엄니를 무기로 쓰기도 해요. 멧돼지의 털은 몸을 숨기기에도
알맞아요. 나무 아래 고사리와 가시덤불의 그림자와 뒤섞여 눈에 띄지 않거든요.
그래서 멧돼지는 하루 종일 아무런 방해도 받지 않고 잠잘 수 있어요.
멧돼지는 땅거미가 질 무렵 일어나 진흙 속에서 기분 좋게 뒹굴며 목욕해요.
그런 다음 사냥에 나서지요.

북유럽 신화에 등장하는 황금 멧돼지인 굴린부르스티는 농부들에게 풍작이
이루어지게 해 주는 존재였어요. 중세에는 가장 큰 축제의 한가운데에 무시무시한
멧돼지 머리를 놓고 입 안에 새빨간 사과를 넣었어요. 크리스마스에는 멧돼지를
금빛 왕관으로 장식하기도 했지요.

**멧돼지 새끼들은 박하사탕이라는 뜻의
'험버그humbug'라 불리기도 했어요. 줄무늬가
박하향 솔솔 풍기는 사탕처럼 생겼거든요!**

멧돼지는 코를 킁킁대며 맛난 지렁이와 애벌레, 버섯, 식물의 뿌리 등을 찾아 먹어요. 튼튼하고 둥그런 코로 땅을 깊게 팔 수 있어요.

베들레헴의 별

예수가 태어나던 해, 동양의 천문학자들은 하늘의 특이한 현상을 기록했어요. 밝게 빛나는 아름다운 별이 그들의 눈을 사로잡았지요. 이 별은 너무 밝아서 '꼬리가 없는 혜성'이라는 이름이 지어졌어요. 하지만 다른 혜성과 달리 이 별은 움직이지 않았지요.

'동방의 별'에 대해서는 많은 학설이 있어요. 성서에는 동방 박사들이 이 별을 따라 베들레헴으로 갔다고 쓰여 있답니다. 레굴루스(사자자리에서 가장 밝은 별)가 목성, 금성과 합쳐져서 밝게 보였을 수도 있어요. 별이 그토록 밝았던 이유는 신성이기 때문이었다는 말도 있지요. 신성은 별 두 개가 합쳐져 어마어마한 폭발이 일어나, 갑자기 몇 백만 배 더 밝아졌다 사라지는 현상을 말해요.

동방 박사는 점성술사로도 알려졌어요.

지도와 달력이 발명되기 한참 전, 사람들은 별을 보며 길을 찾거나 시간을 알아보고는 했어요.

포인세티아는 '크리스마스이브의 꽃'으로 불려요.

포인세티아

포인세티아는 따뜻하고 아늑한 곳에서 잘 자라요. 햇살이 강력히 내리쬐는 멕시코에서 처음 자라기 시작했지요. 포인세티아는 불꽃 같은 잎사귀가 특징이며 나무만큼이나 높이 자랄 수 있답니다. 멕시코가 있는 중앙아메리카 원주민들의 언어로는 '쿠에틀라소치틀 cuetlaxochitl'이라고 하는데 '순수한 것들이 그렇듯 결국 사라지는 꽃'이라는 뜻이에요.

포인세티아는 작고 노란 꽃봉오리가 빽빽이 무리지어 꽃을 피워요. 나비와 벌새는 포인세티아의 꽃가루를 즐겨 찾지요. 넓고 커다란 새빨간 잎이 꽃을 감싸고 있는데, 이를 포엽이라고 해요. 포엽은 겨울에 단 몇 주 동안만 붉게 변해요. 중앙아메리카에서 아즈텍 문명을 일군 사람들은 이 아름다운 식물에 위대한 전사의 영혼이 담겨 있다고 믿었어요. 그래서 전사들에게 포인세티아를 바치고는 했어요.

멕시코의 겨울은 낮에 햇빛이 충분히 비추지만, 밤은 길고 어둡지요. 햇빛의 양에 따라 포인세티아 잎의 색깔과 선명한 정도가 달라져요.

순록

순록은 털 장화를 신은 듯한 발로도 빨리 달릴 수 있는 동물 중 하나예요. 어린 순록은 태어나자마자 뛸 수 있을 정도라지요! 수컷과 암컷 모두 머리에 나뭇가지처럼 생긴 커다란 뿔이 자라서 공격을 막을 수 있어요.

순록은 북극 툰드라와 유럽, 북아메리카의 냉대림같이 몹시 추운 극지방과 산악 지역에 살아요. 이렇게 추운 곳에서 살아남을 수 있도록 순록의 털은 두 겹으로 되어 있어요. 아래에는 복슬복슬한 털이 있고, 위에는 속이 빈 기다란 털로 덮여 있지요. 털의 속이 텅 비면 부력이 생겨서, 얼음이 둥둥 떠다니는 강에서 헤엄칠 수 있어요. 순록의 털은 위장할 수 있도록 계절마다 색이 바뀌어요. 눈 색깔도 바뀐답니다. 여름에는 금빛이 되다가 겨울에는 파란색을 띠어요. 계절마다 다른 빛에 적응하는 거예요.

순록의 뿔은 뼈로 이루어져 있지만,
갓 돋아난 뿔은 부드러운 털로 덮여 있어요.

어린 순록은 태어난 뒤 단 몇 시간 만에
어미 와 함께 걷고, 뛰고, 멀리
이동할 수 있어요.

밀

밀은 신석기 시대부터 전 세계에서 재배되어 왔어요. 스칸디나비아 반도에서는 가장 먼저 수확한 곡물과 마지막에 수확한 곡물(또는 가장 잘 자란 곡물) 한 다발을 잘 말려 저장했어요. 그런 다음 크리스마스에 동물들에게 먹이로 주며 신에게 감사하는 마음을 올리는 전통이 있지요.

밀과 귀리, 옥수수, 쌀, 대나무는 모두 벼과에 속하는 풀이에요. 식물이 자라려면 햇빛과 물이 많이 필요해요. 추운 계절에는 자랄 수 없으니, 식물은 에너지를 모으려고 활동을 멈추지요. 따스한 햇볕이 들기 시작하면, 초록색 새싹이 힘차게 돋아나요. 수확한 밀 한 움큼을 얇은 접시에 놓고 실내에서 기르기도 하지요. 이때 크리스마스에 맞추어 싹이 트면 이듬해에 축복이 찾아온다고 믿는답니다.

**빨간 리본으로 밀을 한 다발 묶어서 밖에 걸어 보세요.
작은 새들이 행운을 불러 올 거예요!**

우리가 밀을 먹으려면 밀알을 싸고 있는 단단한 겉껍질을 벗겨야 해요. 하지단 사람과 달리, 새들은 있는 그대로 콕콕 쪼아 먹는 답니다!

아와시와 같은 품종은 멋지고
구부러진 뿔이 돋아나요.

양

양은 가족끼리 모여 있기를 좋아해요. 무리에서 떨어지기를 무척이나 싫어하지요. 수천 년 전부터 사람들은 '비옥한 초승달 지대'라 부르던 서아시아와 북아프리카에서 양을 길들이고 들판에서 길렀어요. 양은 우리에게 털이며 젖, 고기를 아낌없이 준답니다.

양은 자유롭게 돌아다니며 풀을 뜯어 먹어요. 독특하게 갈라진 입술로 잎사귀와 꽃을 야금야금 뽑아 먹지요. 빠르게 먹은 뒤에는 되새김질을 하며, 느긋하게 씹고 천천히 소화해요. 양몰이꾼은 양들이 알아들을 수 있는 소리나 노래를 불러 새로운 풀밭으로 이끌어요. 성서에는 예수가 탄생하던 날 밤, 베들레헴 근처 모래 언덕에서 양떼를 돌보던 목동들이 나와요. 그들은 천사들의 아름다운 모습을 보고 예수 탄생 소식을 알게 되었다고 해요.

베두인은 이곳저곳을 떠돌아다니며 사는 유목민이에요.
베두인 양치기들은 오늘날에도 양떼를 몰고
먼 곳을 오가며 살아가고 있지요.

향긋한 냄새가 물씬 풍기는 오렌지는 말려서
'포맨더'라는 향주머니로 쓰기도 해요.

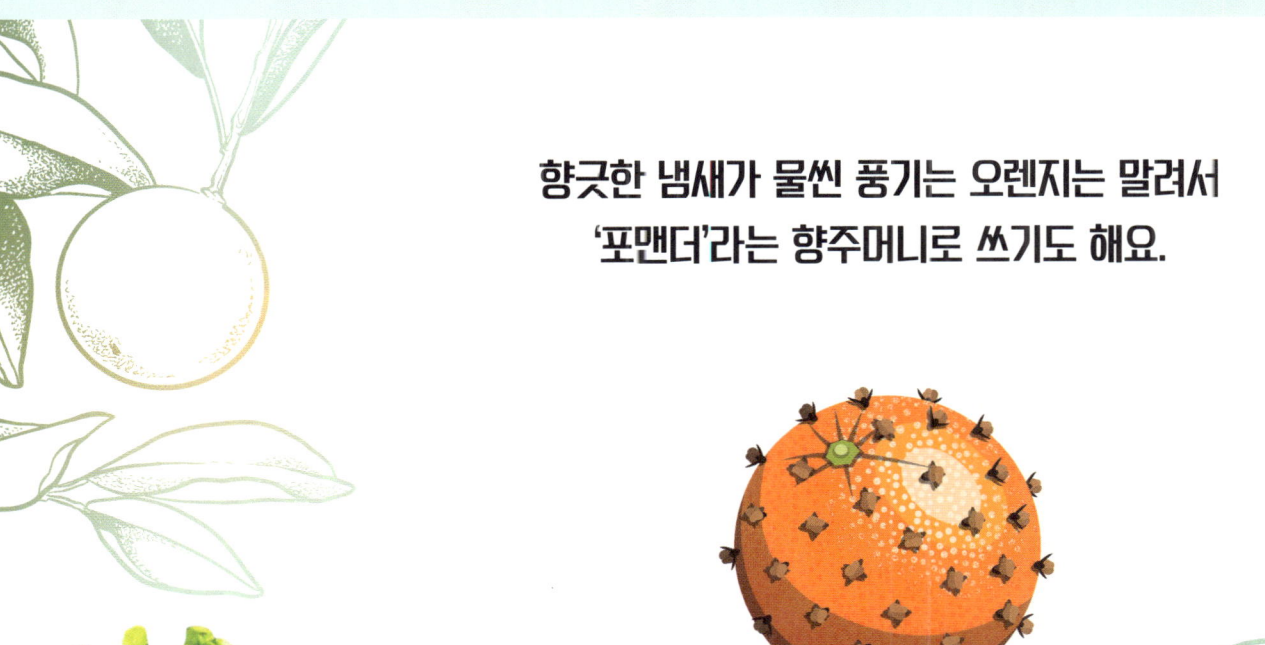

오렌지

태양처럼 둥글고 금처럼 반짝반짝 빛나는 오렌지는 빛이 주는 작은 선물이에요. 서양에서는 크리스마스 양말에 오렌지를 넣어 주는 풍습이 있었어요. 이 귀중한 과일은 아시아 히말라야 산기슭에서 맨 처음 자라기 시작했어요. 그 뒤 오렌지는 대항해 시대에 전 세계를 돌아다니는 선원들의 목숨을 구했고, 색 이름이 되었으며, 역사상 가장 어두운 시절에 빛이 되어 주기도 했지요.

벌은 오렌지 나무에 피는 하얗고 우아한 꽃을 좋아해요. 하지만 코끼리는 오렌지를 전혀 좋아하지 않는답니다! 선물 상자의 포장지를 벗기듯, 오렌지 껍질을 벗기면 안에서 작은 선물이 나와요. 과즙이 듬뿍 담긴 이 과육은 여러 개로 나누어 먹을 수 있어요.

포르투갈의 알가르브에서 오렌지가
밝은 햇살을 받아 빛나고 있어요.

일 년 내내 추운 북쪽 숲을 영어로 '보리얼 숲boreal forest'이라 부르는데, 그리스 신화에 등장하는 북쪽 바람의 신 보레아스에서 이름을 따왔어요.

독일가문비나무

북부의 눈 덮인 숲속에 높이 솟아 있는 독일가문비나무(노르웨이가문비나두)는 일 년 내내 자연에서 나온 것들로 한껏 멋을 부려요. 양초처럼 길쭉하거나 다이아몬드 무늬의 크리스마스 장식처럼 달랑거리는 솔방울로 말이지요.

흔들거리는 독일가문비나구 가지에 상모솔새와 꼬리가 긴 오목눈이가 앉는가 하면, 유럽다람쥐는 나무 주변을 잽싸게 돌아다녀요. 이 나무는 '밤의 나무' 또는 '그림자 나무'로도 불리는데, 북방올빼미가 즐겨 찾아오기 때문이지요. 그리고 달과 사냥의 여신인 그리스 신화의 아르테미스에게 바치는 나무이기도 해요. 유럽 북부 라플란드 지방에서는 '쿠시'라는 가문비나무에 숲의 신 타피오의 정령이 깃들어 있다는 전설이 있어요. 사냥꾼들은 지붕 같은 이 나무의 가지 아래에서 잠을 자기도 했지요. 그분만 아니라 고요한 가문비나무 숲은 깊은 울림소리를 낸다고 알려졌어요. 그래서 이 나무를 쓰는 것이 완벽한 바이올린을 만드는 비결이라고 해요.

흰 눈처럼 새하얀 눈신토끼는 몸을 쭉 뻗어서, 독일가문비나무의 바늘잎 끄트머리에서 나는 달콤한 어린잎을 오물오물 뜯어 먹어요.

독일가문비나무는 크리스마스트리로 오랫동안 사랑받았어요. 늘 푸른 잎은 보호와 새 생명이 돌아오는 것을 상징해요.

주목나무
주목나무는 아주 오래전부터 희망과 축제의 상징이었어요. 나뭇가지를 엮어서 실내에 놓을 작은 나무나 화관을 만들기도 했는데 간식이나 장난감을 달아 장식하고는 했지요.

크리스마스트리

크리스마스트리의 전구는 서리에 덮여 별처럼 반짝이는 전나무를 보고 달았다는 이야기가 있어요. 북극권 한계선 바로 아래, 세계에서 가장 북쪽에 있는 숲에는 뾰족한 피라미드 모양 전나무가 빼곡하게 자라지요. 전나무는 꼭대기가 뾰족해서, 무거운 눈이 쌓여도 위풍당당한 모습을 잃지 않아요.

북반구에서는 겨울 중 가장 추운 날에 크리스마스 축제를 열어요. 하지만 남반구의 열대 지역이나 사막 지역은 뜨거운 날이 지속되는 한여름이 크리스마스이지요. 이때 식물들은 앞다투어 알록달록한 꽃을 피워요. 이렇듯 크리스마스트리도 어느 지역에서 크리스마스를 보내는지에 따라 매우 다를 수밖에 없답니다.

더글러스 전나무
북아메리카에서 처음 자란 더글러스 전나무는 크리스마스트리로 인기예요. 기다란 고깔 모양이 어디에서나 눈에 띄어요. 붉은빛이 도는 두툼한 갈색 나무껍질로 둘러싸여서 추위와 불을 막을 수 있지요.

미국자리공
잉크베리로도 불리는 미국자리공은 가시가 많고 일 년 내내 푸른 잎이 자라요. 서인도의 버진 제도 주민들은 이 식물을 크리스마스트리로 쓰고는 했어요. 하얀 열매 안에 검붉은 즙이 담겨 있는데, 한때 이 즙으로 잉크를 만들었다고 해요.

목화

남아메리카와 중앙아메리카에서 처음 자라기 시작한 목화는 수천 년 동안 재배되어 왔어요. 바짝 마른 씨앗 꼬투리에서 솜털이 보송보송하게 터져 나오는데, 그 모습이 마치 녹지 않는 눈뭉치 같답니다! 아르헨티나에서는 크리스마스 장식으로 목화를 즐겨 사용해요.

웨스턴오스트레일리아 주의 원주민인 눈가르족은 무드자에 정령이 깃들어 있다고 여겨요. 그래서 신성한 꽃을 따면 절대로 안 돼요.

포후투카와

모습이 웅장한 포후투카와는 마오리족이 지은 이름으로, '별'이라는 뜻도 있어요. 12월에 밝은 붉은빛 꽃을 활짝 피우는 이 크리스마스트리는 주로 바다 옆에서 자라요. 벽을 타고 자라기도 하는데, 나무 몸통에서 뿌리가 돋아나지요.

무드자

무드자는 웨스턴오스트레일리아 주의 크리스마스 나무로도 알려졌어요. 크리스마스에 딱 맞추어 멋진 금빛 꽃을 활짝 피우거든요. 거대해 보이지만 사실 나무가 아니라 겨우살이(다른 나무에 붙어사는 작은 식물)랍니다!

당나귀는 등 위에 독특한 십자 무늬 털이 있어요.
성스러운 축복이 깃든 무늬라고 해요.

당나귀

당나귀는 혼자 있기를 싫어해요. 기다란 귀로 위험 신호를 들을 수 있어 훌륭한 길잡이가 되어 주지요. 당나귀만의 '히-힝' 하는 울음소리는 수십 킬로미터 밖에서도 들려요. 당나귀는 다부지더 위험한 상황이 닥쳐도 흔들리지 않아요. 게다가 여러분의 심장 소리만 듣고도 기분을 알아차릴 수 있다고 해요.

아주 오래전부터 지금까지 당나귀는 양치기들을 태워 주었고, 여행자들의 짐을 실어 주었으며, 다른 교통수단으로는 닿을 수 없는 곳까지 이끌어 주었어요. 크리스마스에 관한 이야기에서 당나귀는 선물을 실어 나르는 역할을 해요. 이탈리아에서는 '산타 루치아'라는 노래의 주인공인 성녀 루치아(고대 로마 제국이 기독교를 박해하던 시대에 순교한 성인)가 당나귀를 타고 해마다 아이들에게 선물을 주러 온다는 이야기가 전해져요. 프랑스에서는 산타클로스에게 '귀 Gui'라는 당나귀 친구가 있다고 전해지지요. '귀'는 프랑스어로 '겨우살이'라는 뜻이에요. 모닥불 옆에 신발을 나란히 놓고 그 안에 당나귀에게 먹일 당근과 사과를 가득 채우는 풍습도 있답니다. 당나귀는 그 보답으로 선물을 놓고 간다고 하지요.

성모 마리아는 고향 나사렛을 떠나 베들레헴으로 갈 때 당나귀를 탔을지도 몰라요. 그리고 나서 베들레헴에서 예수가 태어났지요.

겨우살이

**켈트족의 사제였던 드루이드는
겨우살이 가지를 베어 금빛 낫으로 만들고
마법을 부렸다고 해요.**

이 되새들은 겨우살이 열매를 즐겨 먹어요.

겨우살이는 사과나무에 붙어살기를 좋아해요. 그러면 새가 사과나무로 날아와 겨우살이를 마음껏 먹지요! 유럽 앵글로색슨족은 겨우살이를 '나뭇가지 위의 똥'이라고 불렀어요. 새들이 겨우살이 열매를 먹고 나서 똥을 잔뜩 싸고 갔거든요! 진주처럼 하얗고 통통한 겨우살이 열매 안에는 끈적끈적한 물질이 들어 있어요. 그래서 새들이 똥을 싸면 씨앗이 아래에 있는 나뭇가지에 달라붙지요. 겨우살이는 땅과 하늘 사이로 기묘하게 몸을 뻗은 듯, 작지만 무성하게 자라요.

북유럽 신화에 등장하는 빛의 신 발드르는 겨우살이로 만든 화살을 맞고 목숨을 잃었어요. 사랑과 아름다움의 신 프리그는 마음이 몹시 아파, 다른 신들에게 발드르를 살려 달라고 애원했어요. 그 보답으로 입맞춤을 해 주었지요. 그래서 오늘날에도 서양에서는 겨우살이 아래에 서서 입맞춤하는 전통이 있어요!

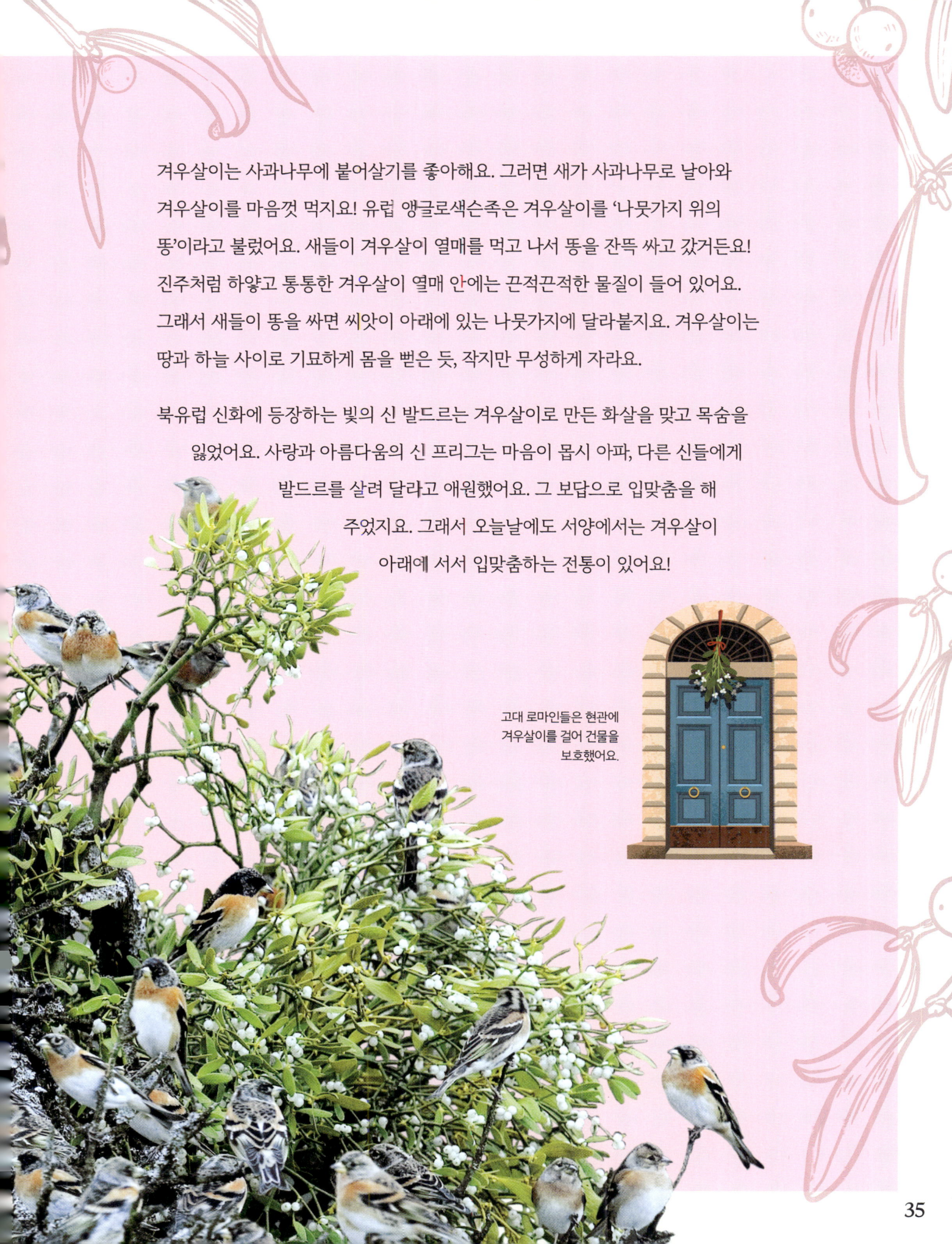

고대 로마인들은 현관에 겨우살이를 걸어 건물을 보호했어요.

자고새

자고새는 나는 것보다 달리기를 좋아해요. 여우가 살금살금 다가오면, 재빨리 다른 곳으로 달아나지요. 위험이 아주 가까이 닥쳐올 때만 푸드덕하고 날아올라요. 통통한 모습이 특징인 자고새는 땅 위에 머물며 가족끼리 무리지어 살아요. 심지어 둥지도 들판 위 마른 풀을 조금씩 긁어모아 만들지요. 새끼들은 알을 깨고 나오자마자 뛸 수 있어요.

고대 그리스 신화에서는 아테나 여신이 떨어져 죽을 뻔한 젊은 남자를 자고새로 만들어 살렸다고 해요. 그래서 자고새는 그 이후로 영원히 울타리 안에서 옹송그리며 모여 살고, 높은 곳 가까이에는 가지 않는다고 하지요. 서양에서 크리스마스 첫날에 부르는 유명한 노래 중에는 '내 진정한 사랑이 선물로 배나무에 앉은 자고새를 주었네'라는 가사가 있어요. 자고새는 평생 같은 짝하고만 지낸답니다. 그리고 배나무는 최대 250년까지 살 수 있으니, 진정한 사랑에게 줄 완벽한 선물이 되겠지요!

자고새는 짧고 통통한 다리로 놀라울 정도로 빠르게 달릴 수 있어요!

자고새는 높은 곳보다 땅 위에 살기를 좋아해요. 그리고 노래와는 달리 배나무에서 살지 않는다고 해요!

참나무

참나무는 슬라브족의 크리스마스 축제에서 중요한 역할을 해요.

아주 옛날, 야생 나무로 뒤덮인 곳에서 나무는 신성한 존재였어요. 그리고 거대한 참나무만큼 성스러운 나무는 없었지요. 참나무는 수백 년 넘게 살 수 있어요. 거대한 몸통과 널찍하게 뻗은 가지는 작은 생물들로 이루어진 생태계의 보금자리가 되어 준답니다. 뿌리와 나무 아래의 흙은 딱정벌레에게 더할 나위 없이 완벽한 굴이 되어 주지요. 다람쥐는 이곳에 먹이를 보관하고요. 박쥐는 울퉁불퉁 갈라진 나무껍질 속 아늑한 곳에 들어가 쉬고, 알록달록한 새인 어치는 컵 모양 도토리를 슬쩍 물고 날아가요. 가을에 땅에 떨어진 도토리는 오소리와 사슴, 멧돼지, 숲쥐들에게 맛난 먹을거리가 되어 준답니다.

참나무는 번개를 맞기도 해요. 그래서 천둥의 신 다그다, 제우스, 토르의 나무로도 불려요. 동유럽 국가인 세르비아에서는 특별히 고른 참나무통을 크리스마스 나무로 태워요. 통나무에 불꽃이 많이 일어나면 행복과 돈, 기쁨이 따라온다고 믿는답니다.

여름을 지배하는 참나무 왕(오크 킹)이 동짓날에 호랑가시나무 왕(홀리 킹)을 만나 전투를 벌였다는 북유럽 전설이 있어요.

유럽에서는 참나무를 강인함과 지혜의 상징으로 여기는 문화가 많아요.

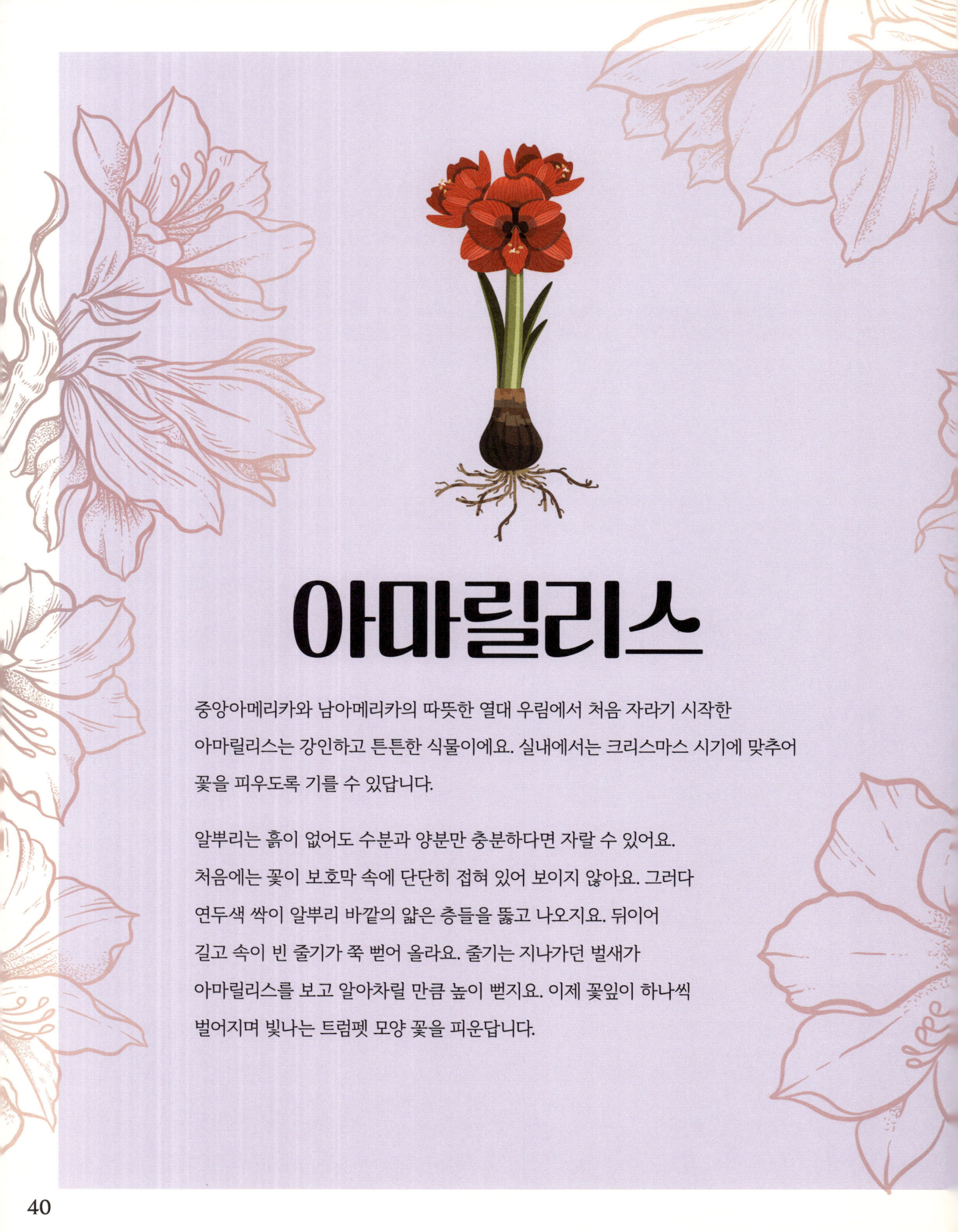

아마릴리스

중앙아메리카와 남아메리카의 따뜻한 열대 우림에서 처음 자라기 시작한 아마릴리스는 강인하고 튼튼한 식물이에요. 실내에서는 크리스마스 시기에 맞추어 꽃을 피우도록 기를 수 있답니다.

알뿌리는 흙이 없어도 수분과 양분만 충분하다면 자랄 수 있어요. 처음에는 꽃이 보호막 속에 단단히 접혀 있어 보이지 않아요. 그러다 연두색 싹이 알뿌리 바깥의 얇은 층들을 뚫고 나오지요. 뒤이어 길고 속이 빈 줄기가 쭉 뻗어 올라요. 줄기는 지나가던 벌새가 아마릴리스를 보고 알아차릴 만큼 높이 뻗지요. 이제 꽃잎이 하나씩 벌어지며 빛나는 트럼펫 모양 꽃을 피운답니다.

연두색 새싹이 갈색 아마릴리스
알뿌리를 뚫고 나오는 모습이에요.

아마릴리스는 저절로 뚜껑이 열리는
선물 상자 같아요. 동그란 알뿌리에서
줄기와 잎이 돋아나고 꽃을 피우지요.

칠면조

퍽 인상적인 깃털이 달린 칠면조는 누가 뭐라 해도 기념일에 가장 알맞은 새라고 할 수 있어요! 칠면조는 온몸으로 자신을 표현해요. 부리 위로 술처럼 길게 늘어진 가죽이며 깃털 하나 없이 밋밋한 머리도 독특하지만, 목 주변의 축 처진 볏은 모양뿐만 아니라 색깔을 바꿀 수 있어요. 흰색부터 빨간색, 파란색까지 색으로 기분을 나타낼 수 있답니다.

칠면조는 윤기 나는 구릿빛 날개를 펄럭이며 춤을 추고 싸움을 해요. 수컷에게는 거대한 꼬리 깃털이 있어 잔뜩 부풀리거나, 망토처럼 늘어뜨린 채 걷는 등 뽐낼 때 사용하지요. 그리고 아주 먼 곳에서도 들릴 정도로 시끄럽게 '골-골-골' 소리를 내거나 쿡 치는 소리를 내기도 해요.

중앙아메리카의 아즈텍인들은 칠면조를 신으로 모셨어요.

칠면조의 깃털은 무늬가 선명하고, 보는 각도에 따라 색깔이 달라요.
그리고 물에 젖지 않으며 겨울에 따스하게 체온을 유지시켜 준답니다.

생강
생강은 덩이뿌리라는 땅속 두꺼운 뿌리에서 자라요. 아주 오랫동안 음식과 음료에 매콤한 맛을 더해 줄 때 사용했지요. 그리고 중국과 인도 등 많은 나라에서 전통 치료법에 쓰이기도 해요.

생강의 산스크리트어 이름인 스링가베라sringavera는 '뿔처럼 생긴 뿌리'라는 뜻이에요.

최초의 생강 과자 집은 그림 형제가 쓴 《헨젤과 그레텔》에 나오는 마녀의 집을 보고 만들었을 거예요.

향신료

향신료에는 모험과 신기한 사건, 전투와 생존, 축제와 기념일 등 다양한 이야기가 담겨 있어요. 향신료는 전 세계 모든 곳에서 사용되지요. 병을 치료하는 약으로 쓰이고 음식을 보존해 주는 기능이 있어요. 신비로운 향과 훌륭한 맛을 내는 향신료는 수천 년 동안 귀하게 여겨 온 식물에서 나온답니다.

향신료는 가루로 만들어 쓸 때가 많아요. 단단하게 말려서 쓰는 향신료도 있는데 그냥 먹지는 못해요. 우려서 마시거나 진해질 때까지 저어서 푸딩으로 만들기도 하고, 과자 위에 설탕과 함께 뿌려서 단맛을 더해 주기도 한답니다.

팔각
꽃과 비슷하게 생긴 팔각은 사실 향신료로 쓰이는 과일이에요. 팔각의 열매와 줄기, 잎, 꽃잎에는 방향유가 있는데, 이 향기로운 기름에 건강한 성분이 들어 있다고 해요. 팔각은 행운을 가져다주는 장식으로 걸어 놓기도 해요.

육두구

육두구는 언뜻 보면 견과류 같지만 사실 전혀 아니에요! 육두구 향나무의 열매에서 나온 씨앗인데, 원래 인도네시아 반다 해에서 멀리 외떨어진 작은 화산 군도에서만 자랐답니다. 한때 육두구는 가장 희귀한 향신료였어요.

정향

정향은 정향나무의 꽃봉오리인데, 직접 손으로 따요. 오렌지에 꽂아 방향제로 쓰는 전통이 중세부터 이어지고 있는데, 그 시대에는 전염병을 물리쳐 준다고 믿었대요.

향긋한 향신료는 크리스마스에 맛있는 향을 더해 주어요.

계피

계피는 나무껍질을 살살 벗겨서 얻지요. 스리랑카의 울창한 숲에서 자라는 늘푸른나무인 실론계피나무같이 녹나무과에 속하는 나무의 껍질을 말려 만들어요. 계피는 달콤한 향이 나고 요리와 약재 등에 두루두루 쓰여서 가치가 높아요.

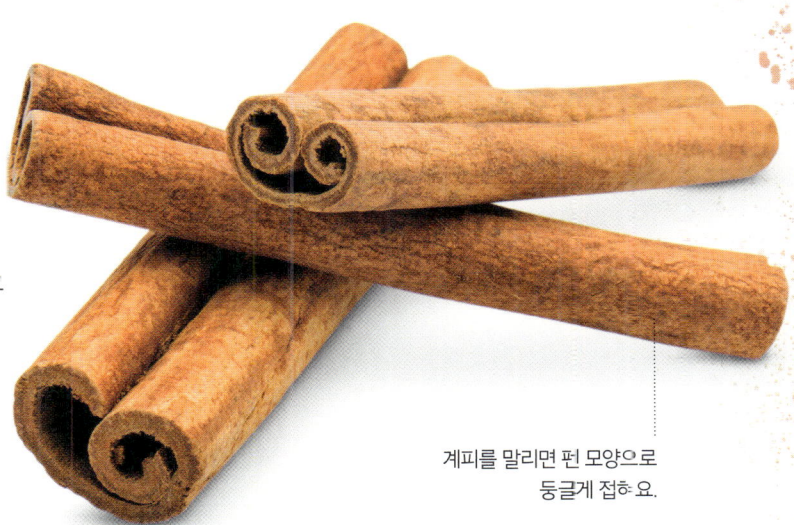

계피를 말리면 펜 모양으로 둥글게 접혀요.

사프란

'사프란'이라는 이름은 '노란색'이라는 뜻의 아랍어에서 비롯되었어요. 사프란은 보라색 크로커스 사프란 꽃 속에서 자라지요. 고대부터 값비싼 노란색 염료로 쓰였고, 치료 효과가 있었을 뿐만 아니라 강렬한 노란 빛깔과 맛으로 요리에 사용되는 등 가치가 높았어요.

어떤 이들은 아이슬란드 전설 속 율 캣이 칠흑같이 어두운 밤 같다고 말하지만, 줄무늬와 턱수염이 노르웨이숲 고양이와 닮았다는 사람들도 있어요.

고양이

고양이는 매서운 사냥꾼이에요. 폭신한 발바닥을 디디며 돌아다니다가 눈치채지 못한 먹잇감에게 와락 달려들지요. 강력한 몸을 이루는 뼈와 힘줄 모두 사냥하기 알맞게 발달했어요. 게다가 야간 시력이 좋고 매우 예민한 수염에 뾰족한 송곳니, 접을 수 있는 발톱이 있어요. 구부러진 등뼈를 따라 왠지 섬뜩하게 살랑거리는 꼬리까지, 사냥꾼의 모습을 완벽히 갖추었답니다.

노르웨이의 여신 프레이야는 털이 길고 하얀 고양이 두 마리가 이끄는 금빛 마차를 타고 하늘을 날아다녔대요. 일본어로 마네키네코라고 하는 '손짓하는 고양이'는 행운을 가져다준다고 하지요. 하지만 아이슬란드에서 전해 내려오는 이야기에는 집보다 더 큰 무시무시한 고양이가 나와요. '율 캣 Yule Cat'이라는 이 고양이는 겨울에 몸을 따스하게 감싸 주는 새 옷을 입지 않으면 덥석 잡아먹는다고 하지요. 크리스마스에 발을 감싸 주는 양말을 선물로 받는다면 고맙게 여겨야 할 거예요. 그래야 이 무시무시한 고양이를 피할 수 있으니까요!

크리스마스가 되면 아이슬란드에서는 악령이 깃든 율 캣이 거리를 돌아다닌다고 믿어요.

거미줄

크리스마스트리를
거미줄로 장식하면
행운이 찾아온대요!

거미줄은 단백질로 이루어져 있어요.
매우 가늘지만 강철보다
5배나 더 강하답니다!

맨 처음 크리스마스의 반짝이 장식을 만든 것은 어쩌면 거미가 아닐까요? 이슬에 반짝이거나, 서리가 하얗게 뒤덮였거나 혹은 그냥 햇빛에 반짝이는 거미줄을 보고 있노라면, 보석보다 아름답다는 생각이 저절로 들 거예요.

우크라이나와 북유럽 몇몇 나라에서 거미는 값비싼 장식품이었어요. 이러한 지역에서 전해 내려오는 이야기가 있어요. 아주 오래전 크리스마스이브에, 호기심 많은 거미들이 어느 가난한 집에 놓인 나무 위로 기어올랐대요. 그런데 이 집 식구들은 너무 가난해서 나무에 장식을 거의 하지 못했지요. 거미들은 나뭇가지 이곳저곳을 종종거리며 기다란 거미줄을 늘어뜨렸어요. 아침이 되자 거미줄은 반짝이는 은빛 7닥으로 마법처럼 변했답니다.

크랜베리는 말려서
크리스마스 꽃 장식으로 쓰기도 해요.

크랜베리

크랜베리는 늪에서 자라요. 그런데 곤충이 크랜베리를 먹지 못하도록 거미가 막아 준다는 사실을 알고 있나요? 밝고 탱글탱글한 크랜베리는 산성이 강한 늪지와 푹신푹신한 토탄(이끼 등의 식물이 완전히 분해되지 못하고 검게 남은 땅)을 따라 자라는 덩굴에서 열려요. 이 늪과 토탄은 약 1만 5000년 전 북아메리카의 빙하가 녹을 때 생겼답니다.

크랜베리 한 알에는 공기 주머니가 4개 있어요. 그래서 가을에 비가 내리며 늪에 홍수가 나면, 열매가 넝쿨에서 떨어져 나와 새로 뿌리를 내릴 씨앗을 품고 물 위를 둥둥 떠다니지요. 크랜베리를 지켜 주는 늑대거미는 크랜베리 열매를 먹는 벌레와 바구미를 잡아먹어요. 거미는 수면 아래에서 조용히 기다리고 있다가 먹잇감이 알아차리지 못한 사이에 뛰어올라 잡아채지요.

싱싱한 크랜베리는 수천 년 동안 사람들에게
맛있는 먹을거리였어요.

소

예수 탄생을 그린 그림에는 갓 태어난 아기 예수를 바라보는 소가 많이 등장해요.

큰 들소 무리가 인도 웅덩이에서 물을 마시고 있어요.
들소는 가축으로 기르는 소와 종류가 같아요.

튼튼하고 차분한 소는 인내심이 있고 땅에서 일하기 알맞게 길들여졌어요. 느리지만 꾸준한 속도로 움직이며 무거운 짐을 실어 나르거나 밭에서 쟁기질을 하지요. 두 개로 갈라진 발굽 덕분에 울퉁불퉁한 땅을 짚고 균형을 잡을 수 있어요. 소의 발굽을 보호하기 위해 쇳조각을 대어 붙이지요.

일하지 않을 때 소는 외양간에 조용히 누워 느긋한 표정으로 되새김질해요. 아기 예수가 태어났을 때 외양간에는 요람이 없었어요. 그래서 성서에는 성모 마리아가 동물들의 먹이를 담는 통인 구유에 갓 태어난 아기 예수를 눕혔다고 나와요. 구유에는 향긋한 냄새가 나는 부드러운 건초가 가득 담겨 있었답니다.

북부홍관조는 소식을 전하는 새로 알려져 있어요.
누군가가 찾아온다고 알려 주거나 행운과 사랑을
가져다준다고 하지요.

북부홍관조

암컷 북부홍관조에게는 수컷과 같이 밝고 붉은 깃털이 없지만, 붉은색이 감도는 보드라운 갈색 깃털이 있어요.

북부홍관조는 북아메리카 많은 지역에서 볼 수 있어요. 이 새만의 밝은 색상 덕분에 아주 어두운 날에도 어디에서나 눈에 띄지요. 수컷은 부리부터 발톱까지 강렬한 붉은색으로 뒤덮여 있어요 붉은 열매를 먹기 때문에 깃털이 붉은색을 띠는 것이랍니다. 검은색 얼굴에, 머리에 뾰족 솟은 깃털 덕분에 영화에 나오는 영웅처럼 멋있어 보여요. 실제로 가족을 지키기 위해 무엇이든 서슴지 않는답니다. 어딘가에 비친 자기 모습과도 싸울 정도예요!

홍관조의 가장 큰 특기는 울음소리예요. 암컷은 둥지에서 수컷에게 먹이를 달라는 신호를 보내거나, 근처에 위험이 있다고 알리려고 지저귀어요. 홍관조 한 쌍은 짝을 이루어 큰 소리로 노래를 부르며 영역을 지킨답니다.

북부홍관조는 겨울에만 모여 살아요.
무언가 근사한 일이 일어날 것이라는 신호이지요.
바로 크리스마스가 머지않았다는 뜻이에요!

조심하세요. 여러분이 다른 이들을 불친절하게 대한다면,
크리스마스 양말 안에 선물이 아닌 석탄 한 덩어리만
넣어 준다는 전통이 있거든요!

석탄

석탄은 괴물과 악마가 좋아하는 선물이에요! 석탄 속 에너지는 태양 에너지에서 비롯되었어요. 왜냐하면 태양 에너지를 흡수한 뒤 죽은 식물들이 땅속에서 압력을 받아, 수억 년에 걸쳐 암석의 형태로 변형된 것이기 때문이지요. 이 암석은 매우 가볍고 불이 잘 붙는답니다.

땅속에서도 불이 일어날 수 있는데, 지표면 아래 석탄이 수십 년 동안 자연스럽게 불에 타기 때문이라고 해요. 크리스마스 선물을 넣는 양말 속에 석탄이 있다면 실망스러울 거예요. 하지만 산업 혁명이 일어나던 시기에는 이 새까만 암석을 가리켜 '검은 금'이라 불렀어요. 석탄으로 기차 엔진부터 공장까지 무엇이든 움직일 수 있었거든요. 나중에는 전 세계 집마다 빛과 열이 생기게 해 주었답니다.

지구에 있는 석탄을 다 써 버리면 더 이상 석탄을 캐낼 수 없어요. 언젠가는 석탄 한 조각이 구하기 힘든 귀중한 보석이 될지도 몰라요.

북극은 북극권 한가운데에 있어요. 이곳은 극지 사막으로, 지구 표면이 광활한 설산과 빙산, 빙하와 서리로 뒤덮인 툰드라로 이루어져 있어요.

북극

북극에는 땅이 없어요. 깊이를 알 수 없는 북극해뿐이지요. 이곳은 꽁꽁 언 바다 얼음으로 끊임없이 뒤덮여 있어요. 북극성이 하늘 위에서 빛나고, 지구의 가장 북쪽인 이곳에서는 모든 방향이 남쪽이랍니다.

북극 지방은 겨울이 길고 어두워요. 동지에는 해가 지평선 위로 단 한 번도 떠오르지 않지요. 그럼에도 몹시 추운 이곳의 밤은 머지않아 돌아올 태양을 맞이하는 축제와 기념일로 가득해요. 북극 지방에 사는 사람들에게는 한겨울을 지배하는 영혼에 관한 이야기가 많이 전해진답니다.

북극 지방에 사는 사미족에게 길고 긴 밤은 위험투성이였어요. 난롯가에서 전해 내려오는 이야기에서는 북극광(북반구에서 나타나는 오로라)이 여러분을 멀리 데려갈 수 있다고 경고하지요.

새끼 펭귄들은 저마다 다른 울음소리를 내요. 그래서 부모 펭귄은 자기 자식을 구별할 수 있어요.

펭귄

펭귄은 여름에 크리스마스를 맞이해요. 펭귄이 사는 곳은 남반구인데, 우리와 반대로 동지에 낮의 길이가 가장 길고 햇살이 가득하답니다.

털이 보드랍고 보송보송한 펭귄 새끼는 한밤중의 태양빛(밤에도 태양이 떠 있는 극지방의 자연 현상) 아래에서 부화해요. '난치'라는 특별한 이빨로 알껍데기를 깨고 '삐' 소리를 내며 나오지요. 펭귄은 적도 아래에 있는 모든 대륙에서 만날 수 있어요. 열대 갈라파고스 제도의 울퉁불퉁한 암초 해안에서부터, 황제펭귄과 아델리펭귄이 살고 있는 엄청나게 추운 남극 대륙까지 말이지요. 남극은 지구에서 가장 큰 얼음덩어리랍니다.

펭귄은 날지 못해요. 하지만 수영을 무척 잘하고 새 중에서 가장 깊이 잠수할 수 있답니다. 지느러미 같은 튼튼한 날개를 펄럭이며 물 사이를 '날아다니는' 거예요. 숨을 쉴 때에는 파도 위로 훌쩍 뛰어오르지요. 얼음 위에서는 배를 바닥에 대고 썰매처럼 나아갈 수 있어요!

**펭귄의 크리스마스 만찬은 크릴이에요.
부모 펭귄은 이를 게워서 새끼에게 먹여요!**

흰 비둘기는 평화와 친절의 상징이에요.

하얀 꼬리 깃털이 아름다운 비둘기가 하늘을 나는 모습이에요.

비둘기

야생 비둘기는 바다 동굴이나 절벽에 많이 살아요. 비둘기는 은빛이 도는 회색부터 검은색, 황갈색과 분홍색까지 정말 가지각색이에요. 여러 색깔이 섞여, 각도에 따라 보라색과 초록색으로 보이는 비둘기도 있답니다. 비둘기는 비둘기과에 속하는 새예요. 지금은 멸종된 도도새와, 전 세계 도시와 마을 곳곳에서 무리지어 사는 멧비둘기도 여기에 속하지요.

비둘기는 한 쌍이 짝을 이루어 서로에게 '구구' 하고 울며 바싹 붙어 지내요. 시리아 사랑의 여신 아슈타르테는 비둘기가 돌보던 알에서 태어났다고 해요. 크리스마스 캐럴에도 크리스마스 둘째 날 선물로, 진정한 사랑에게 멧비둘기 두 마리를 주었다는 가사가 있지요. 다음에 비둘기를 본다면, 사랑의 전령이라고 생각해 보아요!

성서에 몇 명인지 나오지는 않았지만, 동방 박사 3명이 낙타를 타고 아기 예수를 보러 찾아왔다는 이야기가 전해져요.

낙타

사막에 산다면 낙타만큼 좋은 친구가 없어요. 더운 공기를 식혀 주는 코부터 양쪽으로 벌어진 푹신한 발가락까지, 낙타는 지구에서 가장 극한 환경에서 살아남기에 알맞게 발달했어요.

은은한 금빛이 돌거나 검은색에 가까운 낙타의 두꺼운 털은 이불과 같은 역할을 해요. 몹시 추운 사막의 밤을 견디도록 따스하게 감싸 주는가 하면, 낮에는 한낮의 뜨거운 열기를 막아 시원하게 하지요. 두 줄로 길게 가지런히 뻗은 속눈썹과 세 겹으로 된 눈꺼풀은 모래 폭풍이 불 때 모래가 눈에 들어가지 않도록 막아 주어요. 가죽처럼 두꺼운 입술과 혀가 있어서, 가시가 많은 사막 식물을 먹어도 입을 다치지 않는답니다.

**낙타는 아랍 문화에서 알라신의 선물로 귀중한 대접을 받아요.
그리고 낙타의 모험을 다룬 신비한 이야기가
많이 전해 내려온답니다.**

혹이 하나인 단봉낙타 또는
아라비아낙타는 3000년이 넘도록
가축으로 길러졌어요.

동방 박사들은 아름답게 장식한 상자 속에 선물을 넣었어요. 상자도 선물만큼이나 귀한 물건이었지요.

세 가지 선물

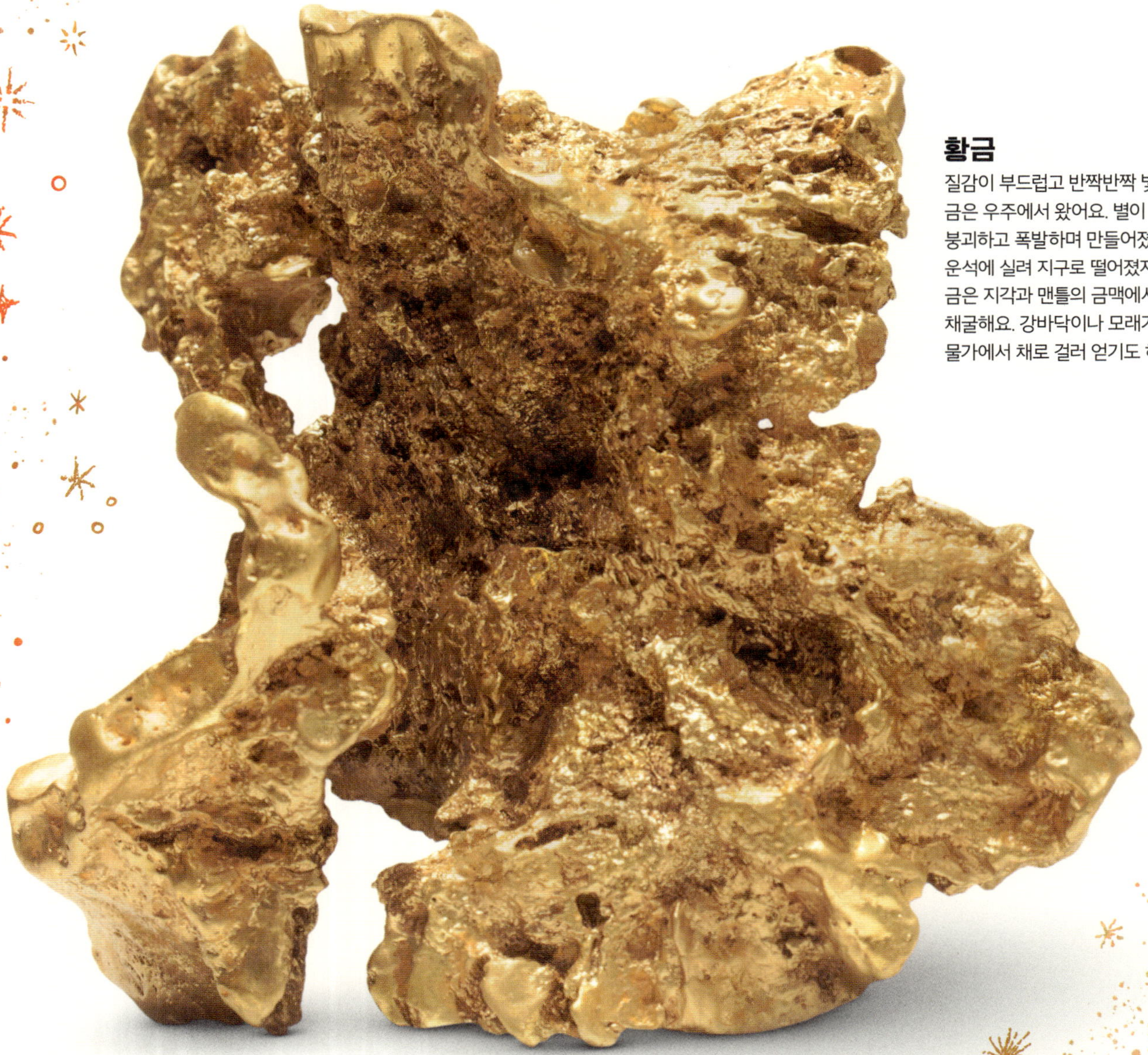

황금

질감이 부드럽고 반짝반짝 빛나는 금은 우주에서 왔어요. 별이 붕괴하고 폭발하며 만들어졌는데, 운석에 실려 지구로 떨어졌지요. 금은 지각과 맨틀의 금맥에서 채굴해요. 강바닥이나 모래가 많은 물가에서 채로 걸러 얻기도 하지요.

몰약
몰약은 가시가 많은 '코미포라'라는 나무의 연노란색 수지예요. 나무껍질에 상처를 내면 스며 나오다가 딱딱하게 굳으면서 붉은 갈색으로 변해요. 몰약은 수백 년 동안 향수와 성유(종교 의식에서 쓰는 성스러운 기름), 약으로 쓰였어요. 부수어 연고로 만든 다음 화상을 입은 곳이나 상처에 바르기도 하지요. 고대 이집트인들은 미라가 썩지 않도록 몰약으로 방부 처리를 했어요.

크리스마스 이야기에서, 동방 박사 3명이 가장 밝은 빛을 따라 갓 태어난 어린 왕(예수)을 보러 왔다고 해요. 이들은 호화로운 황금과 성스러운 유향 그리고 치료용 몰약 등 세 가지 귀중한 선물을 가지고 왔어요. 여러분이라면 어떤 선물을 가지고 갔을까요?

금은 전 세계에서 가치가 매우 높기로 유명해요. 하지만 유향과 몰약은 어떨까요? 아마 산타클로스에게 받고 싶은 선물은 아닐 거예요! 하지만 아주 먼 옛날, 아기 예수가 태어났을 때에는 희귀하고 값비싼 것이었어요. 그리고 예수를 낳은 성모 마리아는 이 정성 어린 선물을 보고 기뻐했을 거예요. 유향과 몰약은 서아시아의 전통 치료약으로서, 어머니들이 아이를 낳고 나서 몸을 회복할 때 도움을 주었답니다.

유향
유향은 잎이 무성한 '보스웰리아 사크라'라는 나무의 수지로 만들어요. '유향나무'로 불리기도 하지요. 나무에 상처를 낼 때 걸쭉하고 우유처럼 하얀 즙이 나오는데, 이것이 단단히 굳으면 유향이 되어요. 향긋한 물방울 모양 유향은 전 세계에서 약과 화장품, 향수를 만들 때나 종교 의식에 쓰여요.

염소

크리스마스의 염소는 개구쟁이일까요, 아니면 착하고 친절한 동물일까요? 염소의 생김새를 보면 마치 신화 속에서 나온 것 같아요! 두 간격이 넓고 빤히 쳐다보는 듯한 눈에는 양옆으로 길쭉한 눈동자가 있지요. 이 두 눈으로 어느 방향으로든 볼 수 있어요. 갈라진 굽에는 푹신한 발바닥이 있고 날카로운 발톱이 달려 있어서 가파른 절벽도 문제없지요. 염소는 다리를 박차고 몸을 일으켜서 먹이를 먹거나 다른 염소와 싸움을 해요. 그리고 구부러진 뿔로 들이받을 때가 있어요. 함께 놀고 싶어서 그런 것일지도 모르지요. 아니면 경고의 표시일 수도 있고요.

북유럽에서는 크리스마스가 되면, 크리스마스의 정령들이 염소로 변한다고 전해져요. 무시무시한 염소 인간 크람푸스가 마을을 돌아다니거나, 율레부크라는 장난꾸러기 염소가 문을 두드리며 간식을 달라고 할 수도 있어요. 착한 일을 많이 한 아이들에게는 크리스마스의 염소인 요울루푸키가, 이 염소를 타고 다니는 요정과 함께 찾아와 산타처럼 선물을 줄 수도 있답니다.

스칸디나비아 반도의 크리스마스 염소 모형은 짚으로 만들고 빨간 리본으로 장식해요.

염소는 나무를 잘 타기로 유명해요!
무척이나 재빠른 염소가 모로코의
아르간나무 위에 앉아 있어요.

사진의 물푸레나무는 장작으로 쓰기 가장 좋은 나무로 여겨져요. 도끼로 쉽게 자를 수 있고, 일정한 속도로 불에 타거든요.

크리스마스 장작

크리스마스에 장작을 태우는 전통이 있어요. 이러한 전통은 기독교가 전해지기 전, 북유럽에서 동지에 치르던 축제에서 비롯되었어요. 북반구에서 동지는 한 해 중 밤이 가장 긴 날로, 양력으로 크리스마스 며칠 전인 12월 21일 또는 22일이 되지요.

북반구의 겨울은 춥고 어두워서 몹시 혹독한 시기였지요. 바이킹과 켈트족은 태양이 계절을 바꾼다고 믿었는데, 한겨울이 되면 태양이 열두 날 동안 같은 자리에 가만히 머문다고 생각했어요. 그래서 기나긴 밤과 가장 짧은 낮에 충분히 불을 지필 수 있는 커다란 크리스다스 장작을 골라, 어둠을 물리치고 사악한 기운을 없애려고 했지요. 그러고는 이듬해에 행운을 오기를 빌었어요.

유럽에서는 성대한 의식을 열며 크리스마스 장작을 집 안으로 들이고는 했어요. 그리고 겨우살이와 늘푸른나무로 장식하기도 했지요.

가재발선인장

가재발선인장은 '크리스마스선인장'으로도 불려요. 가재발선인장의 모식물 (새로운 식물이 돋아나게 해 주는 식물)은 브라질 동남부 해안가의 축축한 산악 지역에서 자라요. 이곳은 '요정의 숲'이라 부르는 매우 특별한 서식지이지요. 나무가 뒤틀린 모습으로 자라고 이끼로 뒤덮여 있으며, 안개가 자욱해요. 가재발선인장은 나뭇가지 구석에 꼭 붙어서 자라지요.

가재발선인장은 잎이 없어서 여러 개로 나뉜 넓고 평평한 줄기로 햇빛을 흡수해요. 뿌리로 물을 빨아들이지 않기 때문에 습기가 많은 숲 공기를 좋아하지요. 그래서 구름과 안개가 계속해서 끼는 열대 우림에 살아요. 하지만 집과 온실에서 세심히 보살펴 주면 크리스마스에도 어디에서나 꽃을 피울 수 있답니다.

어떤 가재발선인장은
가족이 대물림하며 키우기도 해요.

가재발선인장은 주로 11월에서 1월에
나팔 모양 꽃을 피워요.

스페인과 포르투갈에서는 크리스마스 전날 밤, 자정을 알리는 종이 울릴 때 가장 먼저 꼬끼오 우는 수탉을 기리려고 수탉의 미사를 올려요.

수탉

시계가 없던 시절에는 수탉의 울음소리를 듣고 시간을 가늠했어요. 수탉은 뾰족한 발을 딛고 화려한 꼬리깃털을 뽐내며 위풍당당한 모습으로 우뚝 서요. 그리고 암탉 무리를 보호하고 길을 알려 주려고 목청껏 꼬끼오 하고 울지요. 수탉은 깃털이 달린 공룡과, 적색야계의 후손이에요. 사악한 정령이 밤에 돌아다니다가, 수탉이 울면 무서워서 '걸음아 날 살려라' 하고 도망간다지요.

수탉은 이른 시간에 울며 새벽이 다가왔다고 알리기도 해요. 그래서 전 세계에서 빛의 상징이 되었답니다. 일본 신화에서 태양의 여신 아마테라스는 어딘가에 숨어 있다가 수탉의 울음소리에 이끌려 밖으로 나왔고, 빛을 되돌려주었다고 해요. 우리나라에서는 예로부터 수탉의 볏이 높은 지위를 상징했지요.

빛깔이 화려한 수탉은 붉은색 볏으로 체온을 조절해요.

용어 풀이

겨울잠 일부 동물이 몹시 추운 겨울에 살아남기 위해 움직임을 멈추고 기나긴 잠에 드는 것.

견과류 씨앗이나 땅콩같이 단단한 껍데기 안에 든 먹을 수 있는 알맹이.

과육 과일의 부드럽고 즙이 많은 부분.

군도 여러 섬이 모인 곳.

꿀 꽃이 새와 곤충을 끌어들이기 위해 만드는 달콤한 액체.

난치 알을 깨고 나올 때 쓰는 동물의 작고 뾰족한 이빨. 껍데기를 뚫고 밖으로 나오면 난치도 떨어져 나가요.

냉대림 캐나다와 알래스카, 러시아 같은 전 세계 추운 북쪽 지역에 나무로 광활하게 뒤덮인 곳.

늘푸른나무 봄, 여름, 가을, 겨울 사계절 내내 잎이 푸른 나무. '상록수'라고도 해요.

동방 박사 성서에 등장하는 동쪽에서 온 박사들. 예수가 탄생하자 별을 보고 찾아와, 아기 예수에게 경배를 드렸다고 해요. 성서에는 정확한 수가 나와 있지 않지만 모두 3명이고, 점성술사로도 알려졌어요.

동지 북반구에서 일 년 중 낮이 가장 짧고 밤이 가장 긴 날.

되새김질 초식 동물이 반쯤 소화한 먹이를 다시 게워 내서 씹는 것. 완전히 소화될 때까지 아주 오랫동안 씹어요.

드루이드 고대 켈트족의 종교 지도자.

맨틀 지구의 지각과 핵 사이에 있는 부분. 반은 액체, 반은 고체로 이루어졌어요.

바구미 주둥이가 뾰족한 곤충으로, 먹이에 구멍을 뚫어서 씹어 먹어요.

반구 지구의 절반. 적도의 북쪽을 북반구라고 부르고, 적도 남쪽을 남반구라고 해요.

발효 미생물이 유기물을 분해하는 과정. 음식에 설탕을 넣어 절이거나 술로 만들어 발효하면 오랫동안 보존할 수 있어요.

베두인 서아시아와 북아프리카의 사막 지역에서 여기저기 옮겨 다니며 사는 사람들.

북유럽 유럽 북부 지역으로 스웨덴, 덴마크, 노르웨이, 핀란드, 아이슬란드, 그린란드 등이 해당돼요.

비옥한 초승달 지대 나일 강 주변 서아시아와 북아프리카 땅 그리고 티그리스와 유프라테스 강에 있는 지역. 인류가 처음으로 농사를 지었다고 알려졌어요.

빙하 거대한 눈과 얼음 덩어리. 아주 천천히 움직이는데 산골짜기에서 내려오기도 해요.

산기슭 산의 낮은 비탈 또는 낮은 언덕.

산업 혁명 1700년대 중반 기계가 발명되며 삶의 방식이 완전히 뒤바뀐 역사적 시대.

생태계 동물과 식물, 흙, 대기가 순환하며 서로를 지지하고 영향을 주고받는 것.

성서 유대교와 기독교의 경전. 단, 유대교에서는 예수의 삶과 가르침이 담긴 신약 성서를 인정하지 않아요.

수지 나무에서 나오는 걸쭉하고 끈적끈적한 액체로 상처가 날 때 나와요.

신석기 시대 초기 인류가 처음으로 농사를 짓기 시작했다고 알려진 선사 시대.

신성 다른 별과 접촉하여 엄청나게 큰 폭발을 일으킬 때 일시적으로 매우 밝게 빛나는 별.

예수 기독교의 창시자. 기독교 신앙에 따르면 예수는 인간인 동시에 신성한 존재로, 한 인간인 마리아의 자식으로 태어나 복음을 전하다가 십자가에 못 박혀 죽었어요. 그러고는 죽은 지 사흘 만에 부활했다고 전해지지요. 크리스마스는 예수의 탄생을 기념하는 날이에요.

운석 지구 대기를 통과하여 지구 표면에 착륙한 우주 암석 또는 그 파편.

원주민 어떤 지역에 처음부터 살던 사람들.

위장 동물이 천적에게 잡아먹히지 않으려고 피부와 털, 깃털의 색깔과 무늬 등을 바꾸는 것.

유목민 계절에 따라 음식과 물을 구하러 이곳저곳을 떠돌아다니며 사는 사람들.

전염병 매우 빠르게 퍼지는 위험한 질병.

점성술사 별과 행성, 태양, 달을 연구하며 미래를 점치는 사람.

지각 지구의 겉껍데기 부분.

침엽수 잎이 바늘 모양인 나무로, 대부분 씨앗을 보호하는 솔방울이 달려 있어요.

쿠란 이슬람교의 경전.

크릴 새우처럼 생긴 작은 해양 생물. 수많은 바다 동물의 주요 먹이예요.

툰드라 나무가 자라지 않고 비가 거의 내리지 않는 추운 극지방. 일 년 내내 대부분 얼음으로 뒤덮여 있으며, 짧은 여름에만 풀과 이끼류가 자랄 수 있어요.

프랙털 작은 부분이 전체와 닮은 모양으로 끝도 없이 반복되는 구조.

혜성 우주에 떠돌아다니는 얼음과 먼지 덩어리. 지구에서는 밝은 꼬리를 달고 있는 모습으로도 보여요.

그림으로 보는 크리스마스

호랑가시나무 4쪽

담쟁이 6쪽

붉은가슴울새 8쪽

과일과 견과류 10쪽

눈 12쪽

멧돼지 14쪽

베들레헴의 별 16쪽

포인세티아 18쪽

순록 20쪽

밀 22쪽

양 24쪽

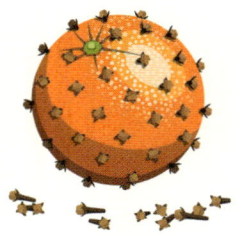
오렌지 26쪽

독일가문비나무 28쪽

크리스마스트리 30쪽

당나귀 32쪽

겨우살이 34쪽

자고새 36쪽

참나무 38쪽

아마릴리스 40쪽

칠면조 42쪽

향신료 44쪽

고양이 46쪽

거미줄 48쪽

크랜베리 50쪽

소 52쪽

북부홍관조 54쪽

석탄 56쪽

북극 58쪽

펭귄 60쪽

비둘기 62쪽

낙타 64쪽

세 가지 선물 66쪽

염소 68쪽

크리스마스 장작 70쪽

가재발선인장 72쪽

수탉 74쪽

36가지 동물과 식물로 만나는
세상 모든 크리스마스

1판 1쇄 발행 2025년 12월 25일
지은이 오리올 비숍
그린이 안젤라 리자, 다니엘 롱
옮긴이 김미선

펴낸곳 (주)도서출판 책과함께
주소 서울시 마포구 동교로 70 소와소빌딩 2층
전화 02-335-1982 **팩스** 02-335-1316
전자우편 prpub@daum.net
블로그 blog.naver.com/prpub
등록 2003년 4월 3일 제2003-000392호
ISBN 979-11-94263-62-3 73400

이 책의 한국어판 저작권은 영국 'Dorling Kindersley'와의 독점 계약으로 (주)도서출판 책과함께가 소유합니다. 저작권법에 의하여 한국 내에서 보호를 받는 저작물이므로 무단 전재 및 복제를 금합니다.

An Anthology of Christmas
First published in Great Britain in 2025 by
Dorling Kindersley Limited
20 Vauxhall Bridge Road,
London, SW1V 2SA

Text Copyright©Auriol Bishop 2025
Auriol Bishop has asserted her right to be identified as the author of this work
Layout and design copyright©2025
Dorling Kindersley Limited
A Penguin Random House Company
All rights reserved.
Korean Translation Copyright©CUM LIBRO 2025

www.dk.com

지은이 **오리올 비숍**
오리올 비숍은 런던 출신 작가로, 자연에 관한 이야기를 가장 좋아해요. 쓴 책으로 《크리스마스가 오고 있어요 Christmas is Coming》, 《달을 사랑한 곰 The Bear Who Loved The Moon》 등이 있습니다.

그린이 **안젤라 리자**
안젤라 리자는 집 주변의 야생 동물과 어린 시절 가장 좋아하던 이야기에서 영감을 받습니다. 어린이 책을 작업할 때에는 내면의 아이가 좋아할 이미지를 떠올리고, 독자들의 관심을 사로잡을 내용과 색상을 마음껏 넣어 수준 높은 그림을 그립니다.

그린이 **다니엘 롱**
다니엘 롱은 어렸을 때 야생 동물에 푹 빠져 살았습니다. 지금도 주로 자연의 세계에 영향을 받은 그림을 계속 그리고 있지요. 쥐라기의 공룡이든 아마존 열대 우림에 사는 거미원숭이, 재규어 또는 그가 사는 곳 근처 국립 공원의 물총새와 수달이든 가리지 않아요.

옮긴이 **김미선**
중앙대학교 사학과 졸업 후 미국 마켓 대학교에서 커뮤니케이션으로 석사 학위를 받았습니다. 현재 어린이·청소년 출판 기획 및 번역을 하고 있습니다. 옮긴 책으로 《미국인은 배우지 않는 불편한 미국사》, 《늑대 소녀 고르고》, 《어린이를 위한 세계사 상식 500》, 《어쩌다 고고학자들》 등이 있습니다.

This book was made with Forest Stewardship Council® certified paper - one small step in DK's commitment to a sustainable future. Learn more at www.dk.com/uk/information/sustainability

일러두기
이 책의 용어들은 대체로 〈표준국어대사전〉을 따랐고, 〈두산백과사전〉를 참조했습니다. 이 책의 일부 서술은 한국 독자의 이해를 돕고 과학적 사실에 부합하기 위해 원서의 내용을 약간 수정한 것임을 밝힙니다.

사진 출처
사진 사용을 허락해 주신 분들께 감사 말씀을 드립니다.

The publisher would like to thank the following for their kind permission to reproduce their photographs:
(Key: a-above; b-below/bottom; c-centre; f-far; l-left; r-right; t-top)

4-5 Shutterstock.com: Stella Oriente. **6-7 AWL Images:** Mauricio Abreu. **8-9 Dreamstime.com:** Alantunnicliffe. **10-11 Adobe Stock:** NIKCOA (tc). **Getty Images:** Formatoriginal / 500px (c). **10 Dreamstime.com:** Kwanchaichaiudom (cla); Anna Sedneva (bl). **Shutterstock.com:** bigacis (tc). **11 Dreamstime.com:** Tamara Kulikova (crb); Viktarm (tr). **Shutterstock.com:** niteenrk (bc). **12-13 naturepl.com:** Sandra Bartocha. **14-15 Alamy Stock Photo:** Duncan Usher. **16-17 Getty Images:** Felix Ostapenko Photography / 500px. **18 Alamy Stock Photo:** Petr Svarc. **20 AWL Images:** Danita Delimont Stock (b). **21 AWL Images:** Danita Delimont Stock (b). **22-23 Shutterstock.com:** Artur Kubiak. **24-25 Getty Images / iStock:** akspholo. **26-27 Alamy Stock Photo:** Cro Magnon. **28-29 Alamy Stock Photo:** imageBROKER / David & Micha Sheldon. **30 Alamy Stock Photo:** piemags / nature (br). **Getty Images / iStock:** zennie (bl). **31 Alamy Stock Photo:** Paul Pickford (r). **Dreamstime.com:** Nmint (bl). **Getty Images / iStock:** MediaProduction (tl). **32 Alamy Stock Photo:** Prisma by Dukas Presseagentur GmbH / Schnoz Rene. **34-35 naturepl.com:** Wild Wonders of Europe / Novák. **37 Alamy Stock Photo:** Laurie Campbell. **38-39 Adobe Stock:** Emvats. **41 Getty Images / iStock:** Griffin24. **42-43 naturepl.com:** George McCarthy. **44 Dreamstime.com:** Valentyn75 (bl). **Getty Images / iStock:** Olga_Kotsareva (tl). **45 Depositphotos Inc:** Bthnronic (cla). **Dreamstime.com:** Valentina Razumova (bl); Inna Tarasenko (tr). **Getty Images / iStock:** Gilmanshin (crb). **46-47 Alamy Stock Photo:** Panther Media GmbH / Astrid08. **48-49 Alamy Stock Photo:** Nature Picture Library / Alex Hyde. **50-51 Getty Images / iStock:** stanley45. **52-53 naturepl.com:** Suzi Eszterhas. **54-55 naturepl.com:** Lynn M. Stone. **56-57 Alamy Stock Photo:** Susan E. Degginger. **58-59 Alamy Stock Photo:** Igor Goncharenko. **60 naturepl.com:** Stefan Christmann. **62-63 Getty Images / iStock:** E+ / proxyminder. **64 Shutterstock.com:** Jan Krava. **66 Alamy Stock Photo:** Yuen Man Cheung (b). **67 Adobe Stock:** domnitsky (t). **Dreamstime.com:** Colourdream (b). **68-69 Dreamstime.com:** Frenta. **70-71 Getty Images:** Moment / Rudolf Vlcek. **72-73 Dreamstime.com:** Vaeenma. **74-75 naturepl.com:** Klein & Hubert.

Cover images: Front: Adobe Stock: Duncan Andison cl, by-studio bc; **Alamy Stock Photo:** Zoonar / Karin Jaehne ca; **Dreamstime.com:** Dewins crb, Irochka tl, Isselee clb, bl, Anna Puhan tr, Valentyn75 cra, Jan Martin Will br, Svetlana Zhukova tc; **Science Photo Library:** Kenneth Libbrecht cla